La Motivation en Entreprise

Une stratégie pour booster la performance de l'entreprise

Moussa Faye

La Motivation en Entreprise

Une stratégie pour booster la performance de l'entreprise

SOMMAIRE

CHAPITRE 1 - COMPRENDRE LA MOTIVATION

Importance de la motivation et de la productivité dans le contexte professionnel

Objectifs du livre :

- ◑ Fournir des conseils pratiques et des stratégies pour motiver les employés et améliorer la productivité de l'entreprise
- ◑ Définition de la motivation et de ses différentes théories
- ◑ Exploration des facteurs internes et externes qui influencent la motivation des individus
- ◑ Présentation d'études de cas illustrant l'impact de la motivation sur la performance au travail

CHAPITRE 2 - LES LEVIERS DE MOTIVATION

- ◑ Identification des différents leviers de motivation, tels que la reconnaissance, les frustrations, la communication, les récompenses, le développement personnel, etc

- Analyse des bonnes pratiques en matière de gestion de la motivation dans les entreprises performantes
- Conseils pour mettre en place un environnement propice à la motivation au sein de l'entreprise

CHAPITRE 3 - QUELLES SONT LES MOTIVATIONS DU GROUPE

- Présence de fortes personnalités dans le groupe
- Caractère du leader, sa confiance, sa responsabilité, sa vision, son engagement
- Cohésion du groupe

CHAPITRE 4 - LA FRUSTRATION

- Causes
- Conséquences
- Solutions

CHAPITRE 5 - QU'EST-CE QUE LA RÉSISTANCE AU CHANGEMENT

- Les considérations
- L'instauration du changement
- L'information sur les objectifs

CHAPITRE 6 - LES MOTIVATIONS ET LA PRODUCTIVITÉ

- Présentation des indicateurs clés de performance (KPI) permettant d'évaluer la productivité au sein de l'entreprise
- Analyse des outils et des méthodes pour mesurer la productivité individuelle et collective
- Conseils pour utiliser ces mesures afin d'identifier les domaines d'amélioration et d'optimiser la performance

CHAPITRE 7 - QUELS SONT LES FACTEURS DU MORAL

- L'intégration
- Le but collectif
- Les stimulants
- Les récompenses

CHAPITRE 8 - LA COMMUNICATION ET LE LEADERSHIP MOTIVANTS

- Exploration du rôle crucial de la communication dans la motivation des employés
- Présentation des techniques de communication efficaces pour inspirer et motiver les équipes
- Analyse des compétences en leadership nécessaires pour favoriser la motivation et la productivité

CHAPITRE 9 – CONCLUSION

- Récapitulation des principaux points abordés dans le livre.

- Mise en avant des bénéfices potentiels d'une approche axée sur la motivation et la productivité.
- Encouragement à mettre en pratique les stratégies présentées pour obtenir des résultats concrets.

CHAPITRE 1 - COMPRENDRE LA MOTIVATION

Comprendre la motivation, exploration des facteurs internes et externes qui influencent la motivation des individus.

La motivation du personnel dans une entreprise est le degré de dynamisme, de volonté, d'engagement et d'innovation que les employés manifestent au travail. Elle est directement liée à l'action et à son résultat. L'origine de la motivation se situe dans l'individu et dans son environnement.

La motivation des employés est un facteur clé de réussite pour toute entreprise. Lorsque les employés sont motivés, ils sont plus engagés, productifs et créatifs, ce qui contribue directement à la croissance et à la réussite de l'entreprise. Cependant, il est important de reconnaître que la motivation n'est pas quelque chose d'inné chez les individus, mais plutôt une force qui peut être cultivée et entretenue.

Dans cette optique, une stratégie efficace pour booster la productivité de l'entreprise consiste à mettre en place des mesures visant à augmenter la motivation des employés. Cela peut être réalisé à travers diverses approches, telles que la reconnaissance et la récompense, le développement des compétences, la communication transparente, la création d'un environnement de travail positif et la promotion d'un équilibre entre vie professionnelle et vie privée.

Dans le cadre de cette stratégie, il est essentiel de comprendre les facteurs de motivation propres à chaque individu, car ce qui motive une personne peut différer de ce qui motive une autre. Certains employés peuvent être motivés par la reconnaissance et les récompenses financières, tandis que d'autres peuvent être motivés par des opportunités de développement professionnel ou par des tâches stimulantes.

En mettant en place une stratégie de motivation efficace, les entreprises peuvent créer un environnement propice à la productivité et à la satisfaction des employés. Cela peut se traduire par une réduction du taux de rotation du personnel, une augmentation de l'engagement des employés, une amélioration de la qualité du travail et une augmentation de la performance globale de l'entreprise.

Dans les sections suivantes, nous explorerons en détails différentes stratégies de motivation qui peuvent être mises en œuvre pour booster la productivité de l'entreprise. En comprenant les besoins et les aspirations des employés, ainsi que les leviers de motivation qui les influencent, les entreprises peuvent créer un environnement de travail dynamique et stimulant, propice à la croissance et à la réussite à long terme.

La motivation est en effet une stratégie efficace pour booster la productivité au sein d'une entreprise. Lorsque les employés sont motivés, ils sont engagés dans leur travail, plus productifs et plus enclins à atteindre les objectifs fixés.

CHAPITRE 2 - LES LEVIERS DE MOTIVATION

Les dirigeants de l'entreprise sont dans l'obligation d'identifier et de reconnaître objectivement les différents leviers de motivation, tels que la reconnaissance, les récompenses, le développement personnel, etc, avant la mise en place de stratégies tendant à asseoir une bonne politique de motivation pour booster la productivité.

Qu'est-ce que le besoin de reconnaissance?

C'est le sentiment d'avoir un rôle à jouer dans l'entreprise, que les autres attendent quelque chose de vous.

Personne ne se suffit à soi-même. L'homme a besoin d'autrui. C'est le rapport à autrui qui donne un sens à notre vie. « être reconnu » est fondamental pour l'être humain.

A quel niveau se manifeste le besoin de reconnaissance?

Il concerne trois niveaux:

1. Au niveau 1 (besoins d'existence): Le salaire compte par le statut qui y est attaché, par la reconnaissance qu'il représente du travail effectué. Le besoin de reconnaissance peut être considéré comme un besoin spirituel ou social d'existence:

2. Au niveau 2 (besoins de relations): C'est la relation avec autrui qui nous consacre en tant qu'individu:

3. Au niveau 3 (besoins d'accomplissement): Chacun recherche un accomplissement personnel, soit dans son travail ou, à défaut, hors de son travail.

CHAPITRE 3 - QUELLES SONT LES MOTIVATIONS DU GROUPE

Un groupe se constitue par la présence de personnalités assez fortes pour avoir de l'influence et entraîner d'autres individus à accepter cette influence.

Il y a le chef institutionnel, investi de l'autorité par la direction.

Il y a le leader (c'est parfois le même) qui possède une autorité naturelle, ascendante.

Le bon chef doit assumer les deux rôles.

La motivation à participer à la vie d'un groupe est le besoin d'affiliation, proche du besoin de protection, de sécurité et de fierté d'appartenance.

Les motivations de groupe viennent supplanter les motivations individuelles; on oublie sa motivation personnelle pour adopter celle du groupe.

Ainsi, des normes informelles naissent, acceptées par l'équipe.

La conduite individuelle change en groupe. Elle est orientée par le désir d'être accepté par l'entourage et de gagner sa sympathie. L'obéissance aux normes du groupe devient une motivation, un facteur d'attitude devant le travail.

L'autorité du responsable du groupe est reçue à travers le « prisme » du groupe. Il doit bien tenir compte de cette influence du groupe sur ceux qui le constituent.

Comment?

- Il doit connaître la structure psychologique du groupe en se posant trois questions:

1) Qu'est ce qui caractérise le leader?

a. Caractère du leader:

- Intégrité: Un leader doit être intègre et agir de manière éthique. Il doit être honnête, transparent et respectueux des normes morales et professionnelles.

- Confiance: Les leaders doivent inspirer confiance à leur équipe en étant fiables, compétents et en tenant leurs promesses.

- Responsabilité: Un bon leader prend la responsabilité de ses actions et de celles de son équipe. Il est prêt à assumer les conséquences de ses décisions.

- Empathie: La capacité d'un leader à comprendre et à se mettre à la place des membres de son équipe est essentielle pour établir des relations solides et favoriser la collaboration.

- Persévérance: Les leaders doivent faire preuve de détermination et persévérer face aux défis et aux obstacles pour atteindre les objectifs fixés.

b. Attitude et comportements du leader

- Visionnaire: Un bon leader a une vision claire de l'avenir de l'entreprise et est capable de communiquer cette vision à son équipe. Il inspire les autres à travailler vers un objectif commun.

- Communication efficace: Les leaders doivent être capables de communiquer clairement leurs attentes, leurs objectifs et leurs idées. Ils doivent également être de bons auditeurs pour comprendre les besoins et les préoccupations de leur équipe.

- Adaptabilité: Les leaders doivent être flexibles et capables de s'adapter aux changements et aux nouvelles situations. Ils doivent être ouverts aux idées nouvelles et prêts à remettre en question leurs propres convictions.

- Motivation: Un leader efficace est capable de motiver son équipe en reconnaissant les réalisations, en offrant des opportunités de développement et en créant un environnement de travail positif.

c. Ses opinions:

L'opinion d'un leader peut varier en fonction de sa personnalité, de son expérience et des valeurs qu'il défend. Cependant, certains points communs peuvent être identifiés:

- Confiance dans l'équipe: Un bon leader a confiance en ses collaborateurs et leur donne la possibilité de prendre des décisions et d'assumer des responsabilités.

- Engagement pour l'excellence: Les leaders efficaces ont souvent une forte conviction sur l'excellence et cherchent à atteindre les plus hauts standards de qualité dans leur travail.

- Orientation vers les résultats: Les leaders sont souvent orientés vers les résultats et cherchent à atteindre les objectifs fixés par l'entreprise.

2) Quel est le degré de cohésion du groupe?

Le degré de cohésion du groupe est un facteur critique et déterminant pour le succès de l'entreprise. La cohésion fait référence au degré d'unité et de solidarité entre les membres d'un groupe et elle est influencée par divers facteurs tels que les objectifs, les valeurs et les expériences partagées. Ici, nous explorerons le degré de cohésion au sein d'un groupe dans une entreprise, y compris la sympathie, l'autonomisation et l'influence.

La sympathie au sein d'un groupe fait référence à la capacité des membres à comprendre et à partager les sentiments des autres. Lorsque les membres du groupe ont des niveaux élevés de sympathie, ils sont plus préparés à travailler ensemble efficacement; car ils peuvent comprendre et apprécier les points de vue et les émotions de chacun. La sympathie est essentielle pour établir la confiance et favoriser un environnement de travail positif, ce qui peut conduire à une productivité et une satisfaction accrues au travail.

L'autonomisation au sein d'un groupe fait référence à l'étalon qui permet d'établir que les membres ont l'autorité et les ressources nécessaires pour prendre des décisions et agir. Lorsque les membres du groupe ont des niveaux élevés d'autonomisation, ils sont plus à même de se sentir motivés et engagés, car ils ont un sentiment d'appropriation et de contrôle sur leur travail. L'autonomisation peut également conduire à une créativité et une innovation accrues, dans la mesure où les membres sont plus portés à prendre des risques et d'essayer de nouvelles approches.

L'influence au sein d'un groupe fait référence à la capacité des membres à façonner le comportement et les décisions des autres. Lorsque les membres du groupe ont des niveaux d'influence élevés, ils sont plus capables de persuader les autres d'adopter leurs idées et leurs points de vue, ce qui conduit à une prise de décision et à une résolution de problèmes plus efficace. L'influence peut également conduire à une collaboration et une communication accrues, dans la mesure où les membres sont plus disposés à écouter et à prendre en compte les points de vue des autres.

C'est pour dire que le degré de cohésion au sein d'un groupe, dans une entreprise, est un facteur critique pour déterminer le succès de l'organisation. La sympathie, l'autonomisation et l'influence sont tous des aspects importants de la cohésion, et ils peuvent être favorisés par un leadership efficace, une communication ouverte et un environnement de travail favorable. En donnant la priorité à ces facteurs, les organisations peuvent constituer des équipes solides et cohésives, plus susceptibles d'atteindre leurs objectifs et de réussir à long terme.

3) Quels sont les espoirs et les craintes du groupe?

Qu'est-ce que la frustration?

La motivation est une tension vers la satisfaction d'un besoin. Un obstacle s'interpose, la frustration est née.

CHAPITRE 4 - LA FRUSTRATION

C'est la privation d'une satisfaction. L'intensité de la frustration est proportionnelle à l'intensité de la motivation en jeu.

Quand la motivation ne peut être satisfaite, la tension psychique qui la constitue s'accumule. La frustration est une augmentation et une accumulation de la tension; l'individu est sous pression.

Les frustrations de l'individu ont parfois raison de sa vitalité et provoquent lassitude, découragement, désarroi.

Quelles sont les conséquences de la frustration?

La frustration étant une accumulation de la tension, l'individu cherche à s'en libérer.

Comment?

1. **En se déchargeant de cette tension sous deux formes:**

- L'agressivité: exutoire de la tension (revendication, grève). On attaque l'obstacle.

- La recherche de compensations: c'est pour tolérer la situation frustrante. L'employé a tendance à se smoettre à une frénésie d'achats, il demande une augmentation, des primes, des avantages en nature, de meilleures conditions de travail, des congés supplémentaires, etc.

Mais tout cela ne supprime pas la cause de la frustration.

2. **En « évitant » cette tension.**

Que faire lorsque la frustration demeure? On adopte une attitude de passivité, d'indifférence; au besoin, on dévalorise le but en le rendant inaccessible.

Cela rend – il tranquille pour autant?

N'est-ce pas une attitude contre nature? - N'est-ce pas une apathie d'auto-défense pour s'épargner la douleur due à la frustration? Afficher le mépris du but inaccessible permet tout au plus « l'évitement » de la tension de la frustration. Mais n'est-ce pas de la nostalgie?

Nombreux sont ceux qui subissent deux frustrations:

- Celle du besoin d'accomplissement: travail sans intérêt, comparé à ses motivations:

- Celle du besoin de reconnaissance: pas d'encouragement, ni de considération.

Agressivité et indifférence cherchent à y remédier.

L'importance de la situation dans laquelle survient la frustration:

- La réaction est aggravée, lorsque l'individu a déjà connu une succession de frustrations.

- De même, lorsque la situation n'offre pas d'exutoire à la frustration: il faut alors subir et se taire.

- Quand il n'y a pas de compensations: plus, de charge de travail sans compensation de salaire ni accomplissement de soi.

- Quand la frustration a un caractère collectif: le mécontentement général est ressenti plus fort par chacun.

Les conséquences se traduisent par: une agressivité, un sabotage de la tâche, une indifférence et un mépris du travail.

Que doit faire le responsable?

- S'informer de l'ambiance.
- Éviter les frustrations successives.
- Dialoguer avec les intéressés (réunions, entretiens
- Leur accorder le pouvoir d'être informés
- Leur accorder le pouvoir de s'exprimer.

- Accorder des compensations.
- Les comprendre et les persuader.

Sinon, on risque d'avoir à s'opposer à la plus grande force des cadres et du personnel: la force d'inertie.

Mais attention, il ne faut pas que le paravent des mots masque la réalité des comportements.

Ce que doit faire le chef avec son collaborateur, c'est analyser les besoins et les valeurs actuelles de celui-ci et discuter, avec lui, de nouvelles valeurs qui pourront susciter sa motivation.

Il n'y a pas que des explications logiques et rationnelles à un comportement. Il faut accepter le côté affectif de chacun. La faiblesse serait de vouloir ignorer ces facteurs émotionnels.

Si certains ne veulent voir que le côté rationnel, n'est-ce pas par peur ou honte de reconnaître qu'ils sont, comme chacun, déterminés par des éléments affectifs et irrationnels.

Ce qu'il faut, c'est définir avec l'intéressé, en commun, les nouvelles responsabilités et la nouvelle conception de son rôle dans l'entreprise. Sinon, il risque d'y avoir frustration chez lui et par conséquent, agressivité et (ou) découragement.

Il faut donc savoir enchaîner les faits, du plus général au particulier, pour mieux faire comprendre et donc mieux faire adhérer.

N'oublions pas, en effet, qu'une motivation positive libère l'énergie alors qu'une motivation négative inhibe l'énergie. Ainsi, la peur de l'échec est une motivation négative, alors que la confiance dans le but à atteindre est une motivation positive.

Ainsi, le changement n'est pas accepté, lorsqu'il est considéré comme une perte par rapport au passé.

Par exemple, il est difficile pour un dirigeant de tolérer un subordonné, s'il se sent lui-même sur une pente descendante, tandis que le subalterne a manifestement le vent en poupe et réclame sa place au soleil dans l'entreprise.

Un cadre a du mal à s'identifier à son entreprise quand il n'a pas participé à la détermination du nouvel objectif. Il se sent étranger aux sources du choix, aux facteurs de changement. Il perd alors l'envie de lutter au moment où, justement, à cause de ce changement, on a plus que jamais besoin de son énergie, pour gagner un nouveau combat.

Quand il n'accepte pas d'adhérer au changement, l'individu se retire en lui-même, cherche la solitude. Car le changement est la perte du connu pour l'inconnu, du familier pour l'étranger. Que de craintes si l'on n'a pas soi-même participé à la genèse du changement.

CHAPITRE 5 - QU'EST-CE QUE LA RÉSISTANCE AU CHANGEMENT

S'agit-il de la résistance au changement lui-même?

S'agit-il du fait de changer?

Voici deux considérations:

1. Résister au changement est naturel, puisque notre moi est fait d'un système d'attitudes, d'habitudes, d'opinions. Tout système tend spontanément à préserver l'équilibre auquel il est arrivé.
2. L'individu aime le changement lorsqu'il le décide et le fait lui- même. Le changement, alors, se greffe sur son « moi ».

C'est donc surtout la manière dont le changement est instauré qui provoque la résistance. Être poussé de force vers la situation nouvelle crée la résistance au changement, car cela provoque une double frustration:

D'abord, c'est une frustration du besoin de sécurité: on ne voit pas que les risques, puisqu'on n'a pas participé à l'élaboration,

Ensuite, c'est la frustration du besoin de reconnaissance: on n'est même pas consulté; on est un objet, pas un sujet. Ce qui entraine forcement une inquiétude et une colère et un refus d'adhérer au changement.

Comment instaurer le changement?

C'est d'abord en cultivant le dialogue. C'est aussi par une communication réciproque (et non unilatérale), par une interaction réciproque (influence de A sur B et de B sur A), que le changement sera accepté.

En suscitant les opinions et les suggestions de chacun, on peut impliquer chacun dans le processus du changement. L'implication suscite, également, l'acceptation des objections, sans les traiter à la légère.

C'est en informant complètement, sans laisser le mystère inutile que l'on peut mieux comprendre:

- Les raisons qui motivent le changement,

- Les avantages que chacun en tirera.

- En dissipant les inquiétudes.

- En faisant participer à la décision: en intervenant soi-même, on s'associe personnellement à l'objectif.

A chaque niveau, chacun doit participer à la détermination des objectifs, aux décisions d'application, dans le cadre de ses responsabilités, de ses compétences et de ses intérêts.

CHAPITRE 6 - LES MOTIVATIONS ET LA PRODUCTIVITÉ

La réussite de l'entreprise dépend en grande partie du personnel qui y travaille. Les employés contribuent à la productivité de l'entreprise. Par conséquent, il est impératif de les motiver pour augmenter la performance et la compétitivité. Cependant, il faut noter que la productivité ne peut être maintenue que par la création d'un environnement sain et sûr sur le lieu du travail.

Quelles sont les conditions de la motivation, donc de la productivité? Mais d'abord, posons-nous la question de savoir quelles sont les principales motivations au travail.

La formation :

Elle a un effet sur la confiance en soi, elle a aussi un effet sur l'expérience donc sur la productivité. La formation a aussi un effet sur l'expectative car elle permet de nouvelles capacités. Elle est très motivante dans la mesure où elle permet à l'employé de se fixer de nouveaux objectifs beaucoup plus ambitieux. A travers la formation, le personnel sent beaucoup plus de considération de la part de la hiérarchie supérieure; par conséquent, il a la chance d'obtenir les récompenses qu'il attend, car il a besoin de connaitre ce qui marche dans l'entreprise et ce qui est prioritaire. Or la formation est l'expression des priorités de l'entreprise.

La formation met en évidence les attentes de l'entreprise à l'égard de ses collaborateurs. A partir delà, chacun peut faire le lien entre ce qu'il doit faire ce dont il sera récompensé.

Pour conclure, disons que la formation est un élément crucial de motivation qui influence positivement les salariés et augmente la productivité.

L'accomplissement de soi

L'accomplissement de soi est une théorie de l'autodétermination qui suggère que les individus sont motivés à atteindre leurs objectifs et à réaliser leur potentiel lorsqu'ils ressentent un sentiment d'autonomie, de reconnaissance de la compétence et d'appartenance. Cela signifie que les employés qui ressentent un sentiment de contrôle sur leur travail, sont compétents dans leurs tâches et entretiennent des relations positives avec leurs collègues. Ceux-là sont plus capables de vivre l'accomplissement de soi et d'être motivés pour atteindre leurs objectifs.

L'un des facteurs clés de l'accomplissement de soi est l'expérience du flux, qui est un état d'absorption complète dans son travail. Lorsque les employés sont capables de se concentrer sur leurs tâches et de ne pas se perdre dans leur travail, ils sont plus en mesure de ressentir de la fluidité et un sentiment d'accomplissement. Cela peut conduire à une productivité et une satisfaction au travail accrues, ainsi qu'à un plus grand sentiment d'épanouissement.

Un autre aspect important de l'accomplissement de soi est l'expérience de la maîtrise, qui est le sentiment d'être compétent et habile dans son travail. Lorsque les employés sont capables de développer leurs compétences et leur expertise, ils sont plus à même de ressentir un sentiment de maîtrise et d'être motivés à continuer d'apprendre et de progresser. Cela peut conduire à une augmentation de la satisfaction au travail, de la productivité et du bien-être général.

La nature du travail

La nature du travail et le goût du travail sont deux aspects importants qui peuvent agir comme des sources de motivation pour les individus dans leur vie professionnelle. La nature du travail fait référence aux caractéristiques intrinsèques de la tâche elle-même, tandis que le goût du travail se réfère à l'attrait personnel et à la satisfaction que l'individu ressent en effectuant cette tâche.

La nature du travail peut varier considérablement d'un emploi à l'autre. Certains emplois peuvent être routiniers et répétitifs, tandis que d'autres peuvent être plus créatifs et stimulants. Les personnes ont tendance à être plus motivées lorsque leur travail est intéressant, stimulant et offre des opportunités de croissance et de développement professionnel. Par exemple, un artiste peut trouver une grande satisfaction dans la création d'œuvres d'art uniques, tandis qu'un chercheur scientifique peut être motivé par la découverte de nouvelles connaissances.

De plus, le goût du travail joue un rôle crucial dans la motivation des individus. Le goût du travail est influencé par les intérêts personnels, les valeurs, les compétences et les talents de chaque individu. Lorsqu'une personne aime ce qu'elle fait, elle est plus susceptible d'être motivée pour s'engager pleinement dans son travail et pour atteindre des objectifs élevés. Par exemple, une personne passionnée par l'environnement peut être motivée à travailler dans le domaine de la conservation ou de l'écologie.

Cependant, la nature du travail et le goût du travail sont des sources intrinsèques de motivation qui peuvent avoir un impact durable sur la satisfaction et la performance au travail.

L'avancement et les promotions

L'avancement et la promotion sont des facteurs importants qui peuvent influencer la notation des employés. Voici quelques points clés à considérer :

Possibilités d'avancement de carrière:

les employés sont plus susceptibles d'être motivés et engagés lorsqu'ils ont des possibilités d'avancement de carrière. Cela peut inclure des promotions, de nouvelles responsabilités et des opportunités de formation et de développement.

Reconnaissance et récompenses:

Les employés qui reçoivent une reconnaissance et des récompenses pour leur travail se sentent plus valorisés et motivés. Cela peut inclure des bonus, des promotions et d'autres formes de reconnaissance.

Équilibre travail-vie personnelle:

Les employés qui ont un bon équilibre travail-vie personnelle sont davantage susceptibles d'être satisfaits et engagés dans leur travail. Cela peut inclure des modalités de travail flexibles, des congés payés et d'autres avantages qui favorisent l'équilibre travail-vie personnelle.

Sécurité d'emploi:

Les employés qui bénéficient de la sécurité d'emploi se sentent plus motivés et engagés. Cela peut inclure un emploi stable, un cheminement de carrière clair et un environnement de travail favorable.

Autonomie et contrôle

Les employés qui ont de l'autonomie et du contrôle sur leur travail se sentent motivés et engagés. Cela peut inclure la capacité de prendre des décisions, de fixer des objectifs et de s'approprier leur travail.

Feedback et coaching:

Les employés qui reçoivent régulièrement du feedback et du coaching se sentent davantage valorisés et motivés. Cela peut inclure des commentaires constructifs, des évaluations de performances et des opportunités de développement professionnel.

Culture d'entreprise:

Les employés qui travaillent pour une entreprise dotée d'une culture positive et solidaire davantage motivés et engagés. Cela peut inclure une culture de transparence, de responsabilité et de respect.

Croissance et développement personnels

les employés qui ont des opportunités de croissance et de développement personnel à même d'être motivés et engagés. Cela peut inclure des programmes de formation et de développement, du mentorat et des opportunités d'avancement.

Le salaire

Tout d'abord, il est important de reconnaître que le salaire est une forme de récompense financière pour le travail accompli. Il représente la valeur monétaire attribuée à la contribution d'un individu dans une organisation. Ainsi, pour certaines personnes, le salaire peut être une source de motivation importante car il leur permet de subvenir à leurs besoins fondamentaux tels que se nourrir, se loger et se vêtir. Lorsque les individus sont confrontés à des difficultés financières ou à des pressions économiques, un salaire adéquat peut être une incitation puissante pour continuer à travailler dur et atteindre leurs objectifs.

Cependant, il convient de noter que le salaire ne constitue pas toujours la principale source de motivation pour tous les individus. D'autres facteurs tels que la reconnaissance, les opportunités de développement professionnel, l'autonomie au travail et la satisfaction personnelle peuvent également jouer un rôle crucial dans la motivation des employés.

Ainsi, même si le salaire peut être considéré comme une récompense, il ne sera une source de motivation que si les individus croient que leurs efforts supplémentaires seront récompensés et s'ils accordent de la valeur à cette récompense.

En outre, il est important de souligner que le salaire peut également avoir des effets négatifs sur la motivation, si les individus perçoivent une injustice ou un déséquilibre par rapport à d'autres employés. Par exemple, si un employé estime que son salaire est inférieur à celui de ses collègues qui effectuent des tâches similaires, cela peut entraîner un sentiment d'injustice et une baisse de motivation. De même, si les individus estiment que leur salaire ne reflète pas leur contribution réelle ou leur valeur sur le marché du travail, cela peut également affecter leur motivation.

Parmi les conditions générales de la motivation au travail, on peut noter également les conditions de travail et le moral. Pour chacune de ces conditions, il faut qu'il y ait concordance entre le profil du poste et le profil de l'individu. Il faut des conditions de travail humaines (par rapport à l'environnement): salaires, horaires, aménagement, ambiance, perspectives de promotion et nature du travail.

Le moral, c'est la confiance en soi et en l'avenir par rapport à sa tâche, la pleine disposition de ses moyens pour engager l'action, la certitude dynamisante de surmonter l'épreuve, la capacité à imaginer les méthodes nécessaires pour arriver.

Le moral, c'est un état d'esprit, une attitude qui intensifie les motivations et les oriente vers le but à atteindre. Il mobilise les énergies.

Le moral est une tonalité psychologique de toutes les actions quotidiennes, tonalité sur laquelle s'implantent les motivations au travail.

La démoralisation, c'est chacun pour soi, des clans qui s'opposent, des objectifs collectifs lointains et inaccessibles. Le contraire, c'est le moral:

1)   Identification des objectifs individuels avec les objectifs collectifs,

2)   Sentiment de la proximité des objectifs

3)   Confiance dans les moyens et les méthodes pour les atteindre,

4)   Confiance dans l'organisation et dans le chef.

5)   Confiance dans les autres membres du groupe: solidarité tournée vers l'extérieur, sans se polariser sur les problèmes internes.

CHAPITRE 7 - QUELS SONT LES FACTEURS DU MORAL

- Les conditions de travail ne sauraient suffire. On connaît suffisamment de « démoralisés de luxe » dont la satisfaction matérielle n'engendre pas l'engagement personnel.
- C'est la confiance qui suscite les motivations au travail, le désir de s'y engager et de s'y accomplir.
- Les deux conditions pour que le moral existe, sont:

1. L'INTEGRATION

Il ne faut pas se sentir étrange dans son service qui doit être ressenti comme une unité organique.

« C'est peut-être tout le problème du moral qui est posé, lorsqu'on passe d'un organisme vivant à un organisme bureaucratisé. »

La recherche de l'intégration implique un effort à trois niveaux:

- Structures (décentralisation)

- Communication (disponibilité pour l'écoute)

- Décision (participation)

2. UN BUT COLLECTIF

Quel genre de but?

L'homme a besoin d'un but qui donne un sens à son action, qui lui donne le sentiment de bien employer sa vie. Le rendement et le profit répondent- ils à cette aspiration?

- Les entreprises sont si préoccupées des objectifs qu'elles oublient que les objectifs sont auxiliaires des buts. Quand il n'y a pas de but, comment les gens pourraient-ils être pour quelque chose? Ils ont l'impression d'être exploités.

- Tout le problème de la motivation au travail est de brancher les aspirations, les objectifs individuels sur les objectifs collectifs.

- Il faut réunir, confondre, but collectif et but individuel (qui est l'accomplissement de soi).

- Motivation de l'homme au travail: s'accomplir en tant qu'être. N'y a-t-il pas souvent décalage entre la monotonie des tâches et l'exigence des buts personnels? D'où la réticence des jeunes devant les entreprises:

- Il ne faut pas oublier la perspective, l'idéal, l'ambition collective; qui peuvent répondre aux valeurs de l'être humain, pas seulement aux valeurs de l'être économique.

Les stimulants de la productivité et les récompenses ou stimulants?

Ils peuvent se classer en trois catégories selon les motivations auxquelles ils correspondent:

1. Stimulants positifs: pour augmenter l'intérêt matériel au travail: c'est la carotte

- primes liées aux objectifs,

- avantages en nature,

2. Stimulants négatifs: pour éviter le désintérêt: c'est le bâton

- sanctions, suppression de primes, avantages.

3. Stimulants compensateurs:

- prime d'ancienneté, de risque, cantine et tous avantages sociaux.

Quelles critiques peut-on faire aux stimulants?

a. Au niveau de l'individu: l'appât du gain ne joue pour l'individu que dans la limite des besoins qu'il s'est choisi de satisfaire. D'autres motivations interviennent alors: détente, loisirs, vivre.

Le personnel ne répond aux stimulants que jusqu'au point où il considère être quitte pour la journée.

Les stimulants n'ont donc qu'un effet provisoire et limité sur les motivations et le rendement individuel.

b. Au niveau du groupe: celui-ci établit des normes informelles, des règles collectives quant au rendement à respecter. Une règle officieuse interdit de dépasser un certain niveau pour trois raisons:

1. on s'aligne sur l'équipe la plus lente pour éviter la fatigue,

2. on craint une révision en hausse de la cadence,

3. on craint le risque d'aggravation du chômage.

La satisfaction des conditions de travail n'est pas tout: elle doit être liée aux deux autres conditions: à savoir l'adéquation de l'homme au poste de travail et son moral.

Les stimulants restreignent les motivations au travail en ne reliant l'avantage qu'à la tâche isolée et non à l'entreprise dans sa totalité.

Les stimulants satisfont « l'avoir » et non « l'être ». Le besoin fondamental est de vivre son individualité dans le travail, d'être reconnu, d'exercer son jugement et ses compétences, de s'exprimer en tant que personne.

Les stimulants déplacent le terrain de la satisfaction: non pas le travail, mais « l'avoir » qui est lié au travail.

Ce sont donc des compensations qui témoignent plus d'un échec que d'une réussite devant le problème de la motivation au travail en lui-même.

Pourquoi l'information et la communication favorisent-elles les motivations de chacun?

Pour motiver, pour vaincre la résistance au changement, pour susciter le moral et l'intégration, il faut informer et communiquer.

L'information agit sur les motivations. Elle est un besoin: savoir, comprendre, c'est déjà la sécurité.

Le collaborateur ne peut s'adapter, s'il est dans l'incertitude, elle-même source d'angoisse. L'information, c'est la réduction de l'incertitude.

L'information suscite les motivations en expliquant l'entreprise, ses projets, ses objectifs, ses difficultés, ses résultats, sa structure, le rôle de chacun dans la réussite globale.

L'effort individuel n'a de sens que par rapport à l'ensemble dont il fait partie.

La communication; c'est dialoguer, donc informer et écouter. Elle satisfait le besoin de considération: c'est la preuve que l'on compte dans l'entreprise. On ne s'en identifie que mieux avec l'entreprise.

Elle satisfait le besoin de reconnaissance: on est à l'écoute de l'autre, on lui accorde une certaine importance.

Le collaborateur qui n'est pas négligé par l'entreprise, ne néglige ni son travail, ni son entreprise.

CHAPITRE 8 - LA COMMUNICATION ET LE LEADERSHIP MOTIVANTS

Les motivations agissent-elles sur la communication?

La communication représente un levier essentiel qui agit sur les motivations. Elles suscitent les opinions, provoquent le filtrage des informations et l'interprétation ou la déformation des faits.

 Ce sont là les deux grandes entraves individuelles à la communication avec autrui.

D'où la nécessité de bien comprendre les motivations des collaborateurs pour assurer leur avenir et l'avenir de l'entreprise.

Si dans toutes les entreprises, la motivation reste un thème récurrent, elle demeure d'une imprécision évidente. La motivation peut venir de différentes sources comme la peur, l'argent, le pouvoir, un « idéal » et variera en intensité selon les individus, le contexte ou le temps. Entre celui qui nuit volontairement à son entreprise et celui qui s'y consacre « corps et âme », existe un espace un peu plus flou qu'il convient de prendre en compte.

C'est précisément dans cet espace que les managers devront tenter d'évaluer leurs collaborateurs. C'est dans ce but qu'Olivier Carré a créé une « échelle de la motivation » pour apprécier le niveau de motivation d'un collaborateur.

SITUATION	OBJECTIFS
Nouveaux entrants	Développer un sentiment d'appartenance Créer un lien entre « Anciens » et « Nouveaux » Favoriser le vécu de moments forts en équipe et mélanger volontairement les différentes populations pour créer une cohésion
Nouveau comité directeur	Unifier deux cultures d'entreprise Faire de la vision de la nouvelle direction un objectif commun
Equipe multiculturelle	Mettre en avant des valeurs communes Créer une émulation vers un objectif commun
Réorganisation du personnel (des Hommes et des compétences)	Mettre en place une nouvelle entité avec des valeurs partagées par tous Créer de la cohésion et renforcer l'esprit d'entreprise Mettre en évidence le rôle du partage de l'information Donner aux collaborateurs ont une vision claire de l'avenir de l'entreprise et de leur place dans la structure.
Fusion de 2 départements	Travailler sur la Communication entre les équipes. Appropriation d'une nouvelle culture commune par les 2 équipes
Fin de cycle annuel	Célébrer, exprimer de la reconnaissance à ses collaborateurs, à une équipe

Cette grille a pour objectif d'aider les managers à réfléchir en profondeur sur la motivation de leurs collaborateurs: quel est son niveau de motivation en ce moment? Cette année? Sur quels comportements observables je m'appuie pour dire cela? Qu'a-t-il dit? Qu'a-t-il fait?

Le but de cet outil n'est évidemment pas de cataloguer ou de classer les différents collaborateurs et leur motivation, ni de fournir un outil de notation. La motivation est un domaine bien trop personnel, bien trop changeant et dépendant du contexte de chacun pour cela.

Elle a aussi pour objectif de les aider à établir un dialogue constructif, sur des bases factuelles et un vocabulaire commun: que pense-t-il du niveau de motivation où je le situe? Sur quoi s'appuie-t-il pour dire cela? De quoi a-t-il besoin pour être plus motivé ou pour modifier les comportements qui me font penser qu'il ne l'est pas? L'outil pouvant aussi être utilisé pour réfléchir à sa propre motivation et à ses propres besoins...

Echelle de la motivation (Olivier Carré Activation conseil)		
Niveau de motivation	**Caractéristiques**	**Remarques**
1 - Fanatique	Sa mission est plus importante que lui-même. Passe ses nuits et ses week-end au travail	Risques pour la personne et son environnement. Durée dans le temps aléatoire
2 - Impliqué	Agit de façon autonome, en cherchant à toujours améliorer les processus ou les relations	Attitude " idéale "
3 - Motivé	Agit de façon autonome, en faisant ce qu'il faut pour que "cela marche"	Attitude acceptable, mais parfois insuffisante
4 - Stimulé	Agit sous stimuli extérieur, récompense ou risque de punition	Attitude "courante", qui devrait rester transitoire Risques d'épuisement du manager
5 - En survie	Fait le minimum pour éviter les ennuis	A traiter rapidement
6 - Démotivé	Ne fait rien, quoiqu' il arrive	A traiter rapidement
7 - En rebellion	Cherche à nuire à l'organisation	A traiter rapidement

CHAPITRE 9 - CONCLUSION

- Amélioration de la satisfaction au travail:

Lorsque les employés sont motivés, ils trouvent plus de satisfaction au travail. Cela peut être dû à divers facteurs tels que la reconnaissance, les récompenses financières, ou non financières, les opportunités de développement professionnel et la clarté des objectifs.

- Augmentation de l'engagement:

La motivation favorise l'engagement des employés, c'est-à- dire leur volonté de contribuer activement à la réussite de l'entreprise. Des employés engagés sont plus portés à s'investir davantage dans leur travail, à collaborer avec leurs collègues et à proposer des idées novatrices pour améliorer le processus.

- Renforcement de la productivité:

Lorsque les employés sont motivés, ils sont plus enclins à fournir un effort supplémentaire pour accomplir leurs tâches. Ils sont plus concentrés, plus persévérants et disposés à dépasser les attentes. Cela se traduit généralement par une augmentation de la productivité globale de l'entreprise.

☊ Réduction de l'absentéisme et du roulement du personnel:

La motivation contribue à réduire l'absentéisme et le roulement du personnel. Des employés motivés sont disposés à rester fidèles à l'entreprise, à se présenter régulièrement au travail à s'investir durablement. Cela réduit les coûts liés au recrutement et à la formation des nouveaux employés.

☊ Amélioration du climat de travail:

La motivation crée un climat de travail positif et stimulant. Lorsque les employés sont motivés, ils sont plus heureux, plus satisfaits et plus enclins à travailler ensemble de manière harmonieuse. Cela favorise une culture d'entreprise positive, renforce la cohésion d'équipe et encourage la collaboration.

La motivation est un outil puissant pour booster la productivité au sein d'une entreprise. En investissant dans les stratégies de motivation telles que la reconnaissance, les récompenses, le développement professionnel et la communication claire, les entreprises peuvent créer un environnement propice à la motivation et améliorer la performance globale de leurs entreprises.

TABLE DES MATIÈRES

SOMMAIRE 7

CHAPITRE 1 - COMPRENDRE LA MOTIVATION 13

CHAPITRE 2 - LES LEVIERS DE MOTIVATION.............................17

CHAPITRE 3 - QUELLES SONT LES MOTIVATIONS DU GROUPE...19

CHAPITRE 4 - LA FRUSTRATION...27

CHAPITRE 5 - QU'EST-CE QUE LA RÉSISTANCE AU CHANGEMENT..35

CHAPITRE 6 - LES MOTIVATIONS ET LA PRODUCTIVITÉ....39

CHAPITRE 7 - QUELS SONT LES FACTEURS DU MORAL.....51

CHAPITRE 8 - LA COMMUNICATION ET LE LEADERSHIP MOTIVANTS...59

CHAPITRE 9 - CONCLUSION 63

9 782958 664923